Kinnesinne-ijs & Berliner Bol

Amsterdam in de jaren dertig

AMSTERDAM PUBLISHERS   AMSTERDAM PUBLISHERS

Ten geleide

*Bij de samenstelling van de tekst voor dit boek werd gebruik gemaakt van
ingezonden brieven en interviews gehouden met een aantal Amsterdammers,
van wie de namen in de tekst werden opgenomen.*

*Om de gesproken teksten beter toegankelijk te maken voor een lezerspubliek,
werd de kopij waar nodig aangepast. Zoveel mogelijk echter werd de oor-
spronkelijke spreektekst gehandhaafd. Een levendige verteltrant is belangrij-
ker dan stilistische gaafheid, zo leek ons.*

Feitelijke onjuistheden werden zoveel mogelijk gecorrigeerd.

*Voorts werd gebruik gemaakt van een aantal fragmenten uit het boek
'Herinnering aan Joods Amsterdam', samengesteld door Philo Bregstein en
Salvador Bloemgarten, De Bezige Bij, 1994.*

Kinnesinne - ijs
&
Berliner Bol

Amsterdam in de jaren dertig

Kinnesinne-ijs & Berliner Bol

De economische crisis van de jaren dertig, reeds beginnend vóór 1930 en de bezetting door de Duitsers in 1940 vormen de markante begrenzingen van de jaren dertig. Toenemende politieke spanningen, maar vooral de economische crisis bepaalden het gezicht van dit decennium.

Ondanks de crisis en de armoede in Amsterdam, blijkt uit de brieven van inzenders van foto's dat het een gezellige tijd was. In slechts enkele brieven wordt over de werkloosheid gerept. "Iedereen had het rot," zo schrijft mevrouw Smit.

Amsterdam had in sommige opzichten nog een bijna dorpse gemoedelijkheid. Men leefde veel meer dan nu op straat, waar veel vertier was te vinden op markten, pleinen en in café s. Zo leerde men er veel markante straatfiguren kennen. Amsterdam in de jaren dertig had vele bekende muzikanten, boeienkoningen, vuurvreters, politieke redenaars, wereldhervormers, standwerkers, schillenophalers, voddenmannen, zuurverkopers, orgeldraaiers, etc.

De twee meest bekende figuren waren Issie Montezinos en Willy Bandy. Issie was een ijscoman van Portugees-Israëlitische afkomst. Hij ventte zijn produkt, een goedkope, kleurrijke substantie uit in de Jodenbuurt. Hij stond ook 's maandags op het Amstelveld, waar hij op stelten ver uitstak boven zijn mede-standwerkers. Zijn opvallende gedrag wekte de afgunst van de andere marktkooplieden, wat er toe leidde dat hij zijn ijs vervolgens aanprees met: *"Kinnesinne-ijs in Portugeese kleuren."* Kinne sinne is een Hebreeuws woord voor haat en nijd, een typisch joodse aanduiding voor jaloezie.

Ook trok in die tijd een in een wit jasje geklede man door de Amsterdamse straten die luid riep: "Berliner bol, bol, fijne Berliner bol, lekker bij de koffie en lekker bij de thee". Soms imiteerde hij de toen zeer populaire Lou Bandy en noemde zichzelf de broer van Lou Bandy. Met strooien hoed op zong hij dan "Zoek de zon op, dat is zo fijn".

Later, zelfs tot in de jaren vijftig trokken karren met de vermaarde Berliner bollen door de straten van Amsterdam, waarbij dezelfde kreet klonk van Willy Bandy: *"Berliner bol, bol, bol; Lekker bij de koffie; Lekker bij de thee."*

In dit boek extra veel aandacht voor Amsterdam en de Joden. Tien procent van de Amsterdamse bevolking was Joods! In geen enkele Westeuropese stad was dit percentage zo hoog. Al sinds het midden van de zeventiende eeuw woonden er in Amsterdam relatief veel Joden, maar na de machtsovername van Hitler in Duitsland trokken nogeens 40.000 Joden naar Nederland en vooral naar Amsterdam.

Het belang van dit boek is dat de 'levende' herinneringen van Amsterdammers, op authentieke wijze opgetekend, behouden blijft. Herinneringen uit de eerste hand van een steeds kleiner wordende groep Amsterdammers, die de jaren dertig hebben meegemaakt.

Roland van Tulder

Amsterdam was in de jaren dertig 's avonds en vooral op
zondag nog een stille stad. Althans in de herinnering van de
heer Franssen, die toen in hartje Amsterdam woonde aan de
Reguliersgracht, op deze foto van de heer B. Eijlers. Rechts
de ingang van de Kerkstraat.

De heer Franssen, nu tachtig jaar oud, kan zich Amsterdam
vooral herinneren van de grachten en van de zomeravondstil-
te die er heerste. Al jaren wonend in het zuiden van Nederland, denkt hij nog vaak terug aan die jaren, een crisistijd
met enorme werkloosheid, maar toch ook veel gezelligheid
en saamhorigheid.

"Denkend aan Amsterdam," zo schrijft hij poëtisch, "komt
mij vooral het beeld van de grachten voor ogen, met de bomen en de stille kadekanten. Van de mensen die aan de overkant liepen, kon je de voetstappen horen en het carillon van
de torens klonk tot in de wijde omgeving. Het stadsbeeld
werd toen ook nog niet zo ontsierd door de vele auto's."

7

Er waren in Amsterdam nog een groot aantal ponten die mensen over het water zetten, daar waar bruggen ontbraken. Zo was er jarenlang een pontje aan de Muidergracht, dat de mensen, vooral Joden die in de Plantage woonden, overzette naar de Valckenierstraat en hun werk in de Diamantbeurs. Het pontje werd ook veel gebruikt door bezoekers aan Artis en het Panoramagebouw, waar grote schilderijen tentoongesteld waren, o.a. 'Het beleg van Haarlem' en 'De overwintering op Nova Zembla'. In 1935 werd het Panoramagebouw gesloopt. De plaats waar het gebouw toen stond is nu een plantsoen tegenover Artis.

Op de foto uit 1932 of 1933 met links de Sarphatistraat en rechts de Valckenierstraat, is te zien dat het pontje werd voortbewogen door een staaldraad waaraan een houten klos bevestigd was.

"Als er ander bootverkeer in de Muidergracht was, moest mijn vader de lijn via de lier onder water laten zakken, zodat de boten konden passeren," vertelt Mevrouw Wisman-Lassoy, die tegenwoordig in Amstelveen woont.

"Mijn vader leefde niet alleen van die paar centen die de overtocht opbracht, hij verkocht ook bosjes hout, had een stalling voor fietsen en klopte kleden voor de mensen in de buurt. De kleden werden dan uitgeklopt op de railing die je links op de foto ziet. Rechts had mijn vader een tuintje aangelegd met onder andere Afrikaantjes."

In 1943 werd de Plantagebuurt door de SS afgesloten door een versperring op de brug voor het Tropenmuseum. "Mijn vader heeft toen misschien nog wel een aantal Joden het leven gered, doordat hij toch nog een aantal overtochten maakte na de afsluiting."

In 1944 kwam er een eind aan het bestaan van de pont van Ko Lassoy.

Mevrouw Wisman, die toen bij haar ouders woonde in de Nachtegaalstraat in Noord, kent dit sluisje nog erg goed, want ze passeerde hier dagelijks op de fiets op weg naar haar werk als 'tweede meisje' bij dokter Bokslag in Schellingwoude.

Voor de dokter deed ze boodschappen en verzorgde ze de kinderen. Ze heeft goede herinneringen aan die tijd. "Het was een aardige dokter met een apotheek aan huis, die door zijn vrouw werd verzorgd. Ik moest ook de flesjes urine, die 's morgens aan de deur werden afgegeven, etiketteren. Zo gebeurde het dat ik ook een flesje slagroom dat aan de deur werd afgegeven van een etiket voorzag. En mevrouw begreep maar niet waar de slagroom bleef, die zou worden bezorgd... Kun je nagaan, dat in die tijd de melkboer speciaal langs kwam voor een flesje slagroom..!"

Vanuit het huis van de dokter had ze uitzicht op Belbo een bedrijf met watervliegtuigen. "Je zag de vliegtuigen opstijgen en dalen in het water, zo vlak voor je neus."

Links van het sluisje, net niet zichtbaar op de foto, bevindt zich het vermaarde café 't Sluisje, dat dateert van 1903. De familie de Ruyter baat het café nog steeds uit. De jongste telg, Ber de Ruyter, vertelt dat aan de overzijde, op de foto rechts naast het sluisje, de roemruchte duivekaterbakker Groes zijn bakkerij had. Zijn katers waren tot ver in de omtrek bekend.

Links op de foto legde het bij vele Amsterdammers bekende Nieuwendammer- bootje aan, dat onlangs weer in de vaart kwam. De stuurman van toen van dit authentieke veer, de heer Flohil, woonde vroeger in Buiksloot, waar veel mensen van de grote en kleine vaart een huis hadden. Hij heeft zijn leven lang gevaren. Ook na zijn pensionering voert hij weer sinds kort en voor z'n plezier het IJveer heen en weer.

Op de dijk woont de heer Fiolet, die zich nog goed kan herinneren dat de schuiten uit de Kleine Die en het achterliggende Waterland met landbouwprodukten en vee door het sluisje voeren om naar de overzijde van het IJ, naar Amsterdam te varen. "Voor het sluisje er was werden de schuiten nog via een zogenaamde 'overtoom' over de Nieuwendammerdijk getrokken met behulp van een rail en een soort van slee. De sporen zijn nu nog te zien een honderd meter naar links."

De heer Fiolet is bestuurslid van het Begrafenisfonds dat dateert van 1828. Een unieke privé-levensverzekeringsmaatschappij van eenvoudige arbeiders en middenstanders en beperkt tot Oud-Nieuwendammers. Slechts 150 leden telt de maatschappij, waarvan het Bestuur tweemaal per jaar bijeenkomt in café 't Sluisje en onder het motto 'Gedenkt te Sterven' vergadert, rookt en drinkt, in die volgorde. Het roken en drinken vindt plaats op kosten van het fonds en bij het roken worden uitsluitend lange Goudse pijpen gebruikt. Op deze wijze wordt ook tijdens het leven nog genoten van het fonds en niet alleen daarna en krijgt het begrip begrafenisfonds wel een heel aparte inhoud.

Het kerkje van Nieuwendam op deze foto van Mevrouw Melchers, had aan de linkerkant een stenen bijgebouwtje dat 'cachot' werd genoemd. In vroeger tijd werden hierin de drankzuchtigen, dieven en ander gespuis opgesloten. "Ivo de Wijs heeft voor mij nog een vers gemaakt op dit cachot", zo vertelt de heer Fiolet van de Nieuwendammerdijk. "We hopen nog altijd dat het cachot ooit wordt herbouwd..."

Het is onbeschrijflijk jammer
Maar de import-Nieuwendammer
Kijkt vaak matig om zich heen
Zo vielen mijn eigen ogen
Pas na tien jaar - ongelogen
Op een bouwseltje van steen

Ik vroeg toen aan een inboorling:
Zeg, wat is dat voor een ding?
En hij antwoordde vol spot:
Da's het cachot

Veldwachter en koddebeier
Waren vroeger heel wat vrijer
Bij 't hanteren van de wet
Al die jatten en wie vochten
Of teveel cafés bezochten
Werden ijlings vastgezet

Ja, elke dronkelap of vlerk
Werd gehuisvest naast de kerk
Achter tralies, deur op slot
In het cachot!

Vroeger, meldde mij een dame
Keken wij soms door de ramen
Van de school aan 't Kerkepad
Naar die cel - en met z'n allen
Hoorden wij soms iemand lallen
Die teveel gedronken had
En onze meester zei dan trouwens:
Kinderen, zo zit dat nou 'ns:
Wie niet braaf is, die gaat vlot
In het cachot!

Het cachot uit vroeger tijden
Sluimert aan de linkerzijde
Van de kerk - als ik het zie
Droom ik weg naar lang geleden
Want die oude grimmigheden
Zijn nu pure nostalgie

Ivo de Wijs.

In de jaren dertig was er in Amsterdam, maar ook elders in Nederland, een roomskatholieke jongerenbeweging actief, 'De Graal'. Er werden massaspelen georganiseerd met zang, dans en spreekkoren, onder andere in het Olympisch Stadion met wel 10.000 deelnemers. Men trok met banieren door de stad. Op deze foto van Mevrouw L. Boomgaard passeert een groep de brug bij de De Clercqstraat over de Dacostakade. Mevrouw Boomgaard schrijft: "Wij wilden de wereld tonen dat we er waren, de R.K. Jeugdbeweging voor meisjes en jonge vrouwen. Ons ideaal werd verwoord in ons Graallied: *'De vrouw wil naast het machtig mannenspoor, ook met haar vrouwenvoet de tere indruk zetten, op het mensenlot, alle eeuwen en landen door'.* Nog altijd zijn de sporen terug te vinden van het ideaal dat ons en ook andere jeugdgroeperingen toen voor ogen stond."

Schepen aan de Jacob Catskade, voorheen Kattensloot, met drogende zeilen. De schepen lagen vaak dubbel of zelfs drie-dubbel. Het binnenste schip werd als woonschip gebruik. Als er werk was, werden grind, veen en zand aangevoerd vanuit het zuidelijke deel van Amsterdam via Nieuwe Meer en Schinkel naar de Jacob Catskade en verder de stad in. De Catskade ziet er nu net zo uit als vroeger, er is niet veel veranderd, met uitzondering dan van de schepen in deze gracht.
De heer de Haas uit de Tweede Nassaustraat, waar hij een winkel heeft, herineert zich dat de gracht in de jaren dertig bijna elke winter dicht lag. "De schippers spoten soms wat water op het ijs, zodat de jeugd de volgende dag kon schaatsen. Soms gaven wij de schippers hier wel wat geld voor."

In 1932 brandde de P.C. Hooft in de Amsterdamse haven bijna volledig uit. Het schip was al eens eerder in brand gevlogen, maar nu was het een forse brand. Half Amsterdam kwam er op af. Tegen betaling werd je er naar toe gevaren met een bootje achter het Centraal Sation. Branden waren in die tijd en misschien nu nog een geweldig spektakel. Later werd het schip een oefenschip van de brandweer in de Coenhaven.

Ook de heer Fiolet uit Nieuwendam kan zich de brand nog goed herinneren: "Het was precies tegenover ons huis, het dok Prins Hendrik van de ADM aan het KNSM-eiland waar het schip lag. Heel Amsterdam- Noord liep leeg. Het was een schitterend gezicht."

De brand werd vooral verergerd door het blauwzuurgas dat een dag tevoren was gebruikt voor de ontratting van de ruimen. Om dit gas zo snel mogelijk te verwijderen had men ventilatoren aangezet en deuren, schotten en luiken geopend. Mede door de sterke oostenwind brandde het schip in korte tijd als een fakkel. Het was met de brand van het Paleis voor Volksvlijt een van de grootste branden in Amsterdam.

De trots van Nederland, het vlaggeschip de 'Oranje' en een bezienswaardigheid als het in de haven binnen werd gevaren door de slepers van Goedkoop en afgemeerd aan de Oostelijke Handelskade.

De heer Snel heeft goede herinneringen aan dit schip. Hij was lange tijd schilder op de Oranje met als taak de officiershutten te verven. Collega's hadden de pé in dat zij slechter werk kregen, zoals classificeerderswerk en pesten hem dan wel. "Zo moest je electriciteitsdraden schilderen in de kleuren rood, blauw en wit. Die jaloerse collega's schilderden dan stiekem de bedrading in de verkeerde kleuren. Dan moest je alles er weer afhalen en opnieuw beginnen.."

Bij ons op het schip was ook een Javaanse bemanning en die wilde weleens verf stelen om in Indië weer te verkopen tegen een goede prijs. Die Javanen noemden die verf 'tjit' en in ruil voor verf kregen wij dan een pakje sigaretten, waar dan 10 in plaats van 20 cigaretten in bleken te zitten. Dan pakten we ze terug door ze een blik verf te geven met onderin een steen."

De Stadsreiniging was gevestigd aan de Bilderdijkkade. Op de foto het hijstoestel van Cink, de uitvinder van het toestel waarmee paarden uit de gracht werden gevist. De Reiniging moest in die tijd vaak hulp bieden als paarden in het water waren geraakt. Als de Brandweer niet kon optreden werd de Stadsreiniging ingeschakeld.

De heer Licht werkte sinds 1922 bij de Stadsreiniging.

"Ja, dat ging toen zo, als je twaalf was en de Lagere School had afgemaakt - je kreeg dan een Loffelijk Ontslag, een soort diploma - dan ging je werken. Ik werd aangesteld als 'straatveger/putschepper'. Ik heb de mensen van de foto nog goed gekend, van links naar rechts herken ik nog Piet Theunisse, Teun Verhoef en Bakker, de stalbaas."

Dr. Folmers, die voor de kar staat, werd te hulp geroepen als er een paard gered was, of als een van de paarden van de SR ziek was of moest 'veulen'.

"Op de foto zie je nog twee knollen voor de wagen staan. Ik heb zelf ook nog met paarden gereden voor de koetsen van de reiniging," aldus de heer Licht.

In 1937 werden de paarden op non-actief gesteld, toen de dienst werd gemotoriseerd.

Op deze foto uit 1932 staat het gebouw Felix Meritus in brand!
Mevrouw Veenstra was erbij en vertelt dat het een grote indruk
op haar maakte als kind. Zij was pas 11 jaar en met haar vader
trok zij in alle vroegte en met vele andere Amsterdammers naar
de Keizersgracht. De 'Jan van der Heijden', de blusboot, spoot
enorme hoeveelheden water naar binnen.
"Ik herinner me nog dat het water van de trappen weer naar beneden golfde, de gracht in. Er was een drukkerij, Holdert, en
een lampekappenfabriek gevestigd, dus dat zaakje brandde
wel...Ik ben nog een paar dagen later gaan kijken; wat een ver-
woesting..."

Deze foto van Mevrouw Meijer-Helder uit Badhoevedorp werd gemaakt in 1938, toen de roeibaan pas een jaar officieel was geopend. Op deze foto is nog de bebouwing te zien aan de Amstelveenseweg. Nu is het daar helemaal dichtgegroeid.

De roeibaan werd in 1934 uitgegraven, helemaal met de hand.

De heer Verschuur: "Ik ben een aantal keren werkloos geweest in die tijd. Ik kwam dan in de werkverschaffing en in 1934 werd ik aan het werk gezet in het Bosplan. De roeibaan moest uitgegraven worden. Nou zaten daar allemaal wortelstronken van afgehakte rozeboompjes in de grond en voor elk uitgespit stronkje kreeg je een cent. Het was heel zwaar werk en er waren onderwijzers bij voor wie dat heel treurig werk was. Als die 's morgens kwamen en gingen scheppen, dan barstten hun handen open door de blaren van de vorige dag."

Deze foto van de heer Van Eck toont de Gerard Doustraat in
de Pijp in 1936 met rechts de Tweede Jacob van Campenstraat.
"De typische hoek die de straat maakt wordt veroorzaakt
doordat de 2e Jacob van Campenstraat parallel aan de Stad-
houderskade werd aangelegd, terwijl de Gerard Doustraat de
richting volgde van de 'oude' Zaagmolensloot. Daarom loopt
het woonblok zo schuin toe."

Een verhuiswagen van 'Vlaming' met kettingaandrijving en gefotografeerd bij het Sarphatipark. De heer J. Vlaming: "Het verhuisbedrijf, dat al meer dan honderd jaar bestaat, was in de jaren dertig gevestigd in de Van Ostadestraat. Als er in die jaren een grote verhuizing was dan reden ze eerst naar de Ceintuurbaanbrug over de Amstel, want daar stonden wel twintig tot dertig werklozen elke dag te wachten op werk." Toon Vlaming, die links op de foto staat, zocht dan twee sterke kerels uit om hem die dag te helpen. "Ze verdienden daarmee 35 cent per uur en de werkdag duurde toen 14 tot 15 uur!"

Een foto van Mevrouw T. van Noord-Fokker.
"Mijn man werkte toen in de Witte de Withstraat. Met een kiepauto werd het zand aangevoerd en dat werd dan op de grond gekiept. Het was een harde tijd, waarin wel gewerkt moest worden voor je centen. Maar je was al blij als je man werk had."

De spoorwegovergang Javastraat/Eerste Van Swindenstraat. "De spoorweg-overgang Oost," zo schrijft de heer de Wilde, "was zeer berucht bij ons in de Indische Buurt. Je stond soms een half uur te wachten op voorbijrijdende goederentreinen, want de havens in Oost en het abattoir in de buurt veroorzaakten een druk treinverkeer. Ik weet me nog te herinneren dat een onderzoek dat ze van de gemeente hielden, uitwees dat de spoorbomen op een dag meer dicht dan open waren...!" Pas in 1933 begonnen ze met de aanleg van een spoordijk met viaducten. Ook het station Muiderpoort werd meteen verplaatst naar de Insulindeweg, waardoor de Javastraat geen station meer had.

25

Deze foto werd vlak vóór 1930 gemaakt. Het is het Boltjens-grachtje, onderdeel van de Rapenburgergracht. Links de achterkant van de Rapenburgerstraat.

Nu ziet het er op deze foto bijna pittoresk uit, maar van binnen en van buiten was het niet veel zaaks. Eind jaren twintig werd deze wijk gesloopt.

De heer M. Allegro: "Er heerste grote armoede in deze Jodenbuurt, hofjes met éénkamerwoningen. Tegenwoordig staat hier nu het politiebureau van de Anne Frankstraat. De kinderen droegen kousen van de gemeente, met een rood-zwarte rand, de kleuren van het gemeentewapen, zodat je kon zien dat je van de bedeling was. Het was hier een armoed in de Jodenbuurt, gewoon niet te beschrijven."

De heer Pruis heeft hier ook zijn jeugd doorgebracht en weet nog dat de woningen zo slecht waren: "De kinderen sliepen op de vloer, terwijl de volwassenen erboven aan het kaarten waren. Bij mij op school zaten kinderen uit de buurt en die droegen soms een wit kapje vanwege de luizen. Dat was vreselijk stigmatiserend, maar het waren zulke slechte woonomstandigheden."

De heer B. de Hond: "Ik ben geboren op het Nieuwegrachtje nummer één op de derde etage. Mijn ouders hadden tien kinderen, en mijn vader verdiende maar zestien gulden per week. Dus u begrijpt wel dat mijn moeder wel eens geschwindeld heeft. En die woningen waren zo, dat als je geen kleden op de grond had liggen, dan kon je de buren op tweehoog zien lopen. Dat waren gewone balklagen met een vloer en daar zaten spleten in; dus je kon elk woord van de buren horen."

De Amstelveenseweg met de brug over de Stadionkade, richting Zuidelijke Wandelweg gefotografeerd.

Mevrouw Van Dam-de Boer, die toen aan de kade woonde schrijft: "De Zuidelijke Wandelweg was een straatweg van rode baksteen met aan de ene kant een wandel- en aan de andere kant een ruiterpad van Amstel tot aan het kerkhof aan de Amstelveenseweg.

Ten zuiden van de wandelweg was een vaart en weilanden en daar weer achter de pasgebouwde ringdijk. Ten noorden waren sportvelden, tennisbanen en volkstuintjes en hier tegenover het Zandland. Voor kinderen een ideale speelplek vol avonturen."

Op de foto keert een rouwkoets met paarden van de begraafplaats Buitenveldert terug. De bus naar Amstelveen passeert juist de brug.

De Stadionkade in 1935 toen de brug over de Beethoven-straat werd gebouwd. Gefotografeerd vanaf de overzijde die nu Cornelis Dopperkade heet, maar toen 'Klein Zandvoort' of 'Het Zandland' werd genoemd.

"Tot aan het Stadion was het hier allemaal zandland, een heerlijk speelterrein voor ons," schrijft mevrouw Ploeg-Hei-mel. "Het water was in mijn herinnering heel erg schoon. Ie-dereen ging er zomers in zwemmen. Je kon tot de bodem kij-ken. Zoals te zien is op de foto kon je met een netje vissen, witvisjes en stekeltjes, die thuis in een potje leidingwater weer verkommerden. Het was een 'el dorado' voor de jeugd. Je moest wel oppassen voor bloedzuigers. Die vonden we vreselijk eng.

Er was zomers ook een vakantieschool op het Zandland aan de Parnassusweg. Ik vond het helemaal niet leuk. Als meisje mocht je niet de leuke dingen doen die jongens wel mochten, wij moesten maar handwerken...! Met limonade in een bruin apothekersflesje ging je er naar toe en met een dik pak boter-hammen."

In mei 1930 was er Koninklijk bezoek aan het Concertgebouw. De zangertjes die zich hadden opgesteld voor het gebouw werden in bedwang gehouden door padvinders. Mevrouw Jansen, herinnert zich dat haar buurjongetje een van de padvinders was die daar de orde moesten handhaven. "Dat was ze wel toe te vertrouwen, want dat waren in die tijd tamelijk fanatieke padvindertjes, die hun taak ernstig namen." E. van Amerongen herinnert zich: "Er was een jaarlijkse opvoering van de Matthäus Passion door Mengelberg. Die vond dan plaats op zondagmiddag en het volksconcert was op zaterdagavond.

Nu waren er een heleboel vrome Joden die zeer in de muziek waren geïnteresseerd, en die gingen er dan naar toe op zaterdagavond. Maar de uitvoering begon om half acht; dan was de sabbath nog niet afgelopen en dan waren ze nog gebonden aan de sabbath-wetten. Dan liepen ze naar de dichtsbijzijnde synagoge bij het Concertgebouw, in de Jacob Obrechtstraat. Dan gingen ze daar 'havdalah' maken, dus de uitgang van de sabbath vieren, en daarna mochten ze alles doen. Maar meestal waren ze te laat voor de openingsscène met het openingskoor. Dus vlak na het openingskoor gingen de deuren open en dan kwamen ze naar binnen. Dat waren zo'n tien tot twintig mensen; het was heel interessant om dat te zien, die optocht van vrome Joden bij de Matthäus Passion."

"Begin jaren dertig woonde ik op de Pieter Lastmankade met het water voor de deur. Veel buitenspelen en knoeien met het water. Ik was lid van de speeltuinvereniging 'Olympia', waarmee we ook gingen zwemmen in het Schinkelbad, achter het Olympisch Stadion. Later werd dat zwembad afgebroken. Ik ben de zwemster met de gestreepte badmuts," aldus Mevrouw Ploeg-Heimel.

Schinkelhaven was in de jaren dertig een bekend ontspanningspunt voor Amsterdammers, Net zo iets als Het Kalfje aan de Amstel en het Tolhuis in Amsterdam-Noord. De foto werd gemaakt in 1939.

"Op zondag," schrijft Mevrouw Mulder-Van Zon, "trokken hele gezinnen daar naar toe. Het was een hotel, café en restaurant, maar vooral een speeltuin. In de vijftiger jaren moest het verdwijnen voor woningbouw. Jammer hoor."

"Begin jaren dertig kwamen afstandsmarsen in zwang," schrijft de heer Takken, "Schinkelhaven was dan het vertrekpunt en dan ging het onder begeleiding van fietsers over goed gebaande wegen naar buiten.

De consumpties onderweg beperkten zich meestal tot een 'kogelflesje' of een glaasje Ranja. Onderweg zongen we het Olympiadelied: *Hoi,hoi, hoi, Olympiade; Jongens zet je beste beentje voor...; Denk aan je reputatie; en de eer van de Nederlandse natie.*"

Op de foto zijn op de achtergrond nog de contouren te onderscheiden van het Olympisch Stadion, vóór de uitbreiding met een extra ring

"Een prachtfoto," zo reageert de heer Van de Lucht, "precies het beeld dat ik me nog kan herinneren van die tijd. De Ceintuurbaan, met de kruising Dusartstraat en met die enorme Sint Willibrordus aan het einde. Wat jammer dat die is verdwenen! Ik herinner me nog een Ziekentridium dat in die kerk werd gehouden, begin jaren dertig. De hele kerk lag vol met zieken in bedden. Het duurde twee dagen. Ook de Rialto-bios herinner ik me nog. Die werd vanwege de heersende werkloosheid

toen goed bezocht," aldus de heer Van de Lucht.
"De bomen aan weerszijden van de Ceintuurbaan maakten het tot een frisse boulevard. Ik viste daar ook veel in de Hobbemakade."

In 1970 werd de 'Willibrordus buiten de Veste' gesloopt, om plaats te maken voor het veel later gebouwde verzorgingshuis 'Tabitha', dat helaas niet erg past daar aan de Amstel.

Deze foto doet veel herinneringen oproepen bij de heer Hoogeman, die tegenwoordig in 'Patrimonium' woont. Hij kent de Kinkerbuurt als z'n broekzak, zijn halve leven heeft hij er gewerkt als etaleur bij herenmodezaak Hazenberg. "Dat was een prachtig vak," zegt hij. "Ik begon als zeventienjarige bij Wick in de Reguliersbreestraat. Dat was in die tijd nog een chique straat. Moet je er nu eens komen! Toen waren er zaken als de Franse Bazaar en 'Wat kan kan kan alleen', een juwelier, en een sigarenzaak van Van Lookeren. Nee, prima zaken. Ik heb de Cineac nog zien bouwen. De bazen bij Wick waren de compagnons Speyer en Polak. Dat waren strenge en heel precieze heren. Als je laat op je werk kwam, kreeg je op je donder en werd je naar huis gestuurd. Als er een speld op de grond lag moest je die oprapen. Ja, zo ging dat in die tijd. Je verdiende er maar ƒ 25,00 per maand, wat toen ook al niet veel was, maar in de crisistijd was je er blij mee. Ik heb bij Wick een jaar of vier gewerkt en de kans gekregen het etaleursvak te leren. Ik werd wel tien keer ontslagen om allerlei kleinigheden, maar ze hadden me toch steeds weer nodig. Ik had wel aanleg voor dit vak. Wick had heel veel joodse klanten. Maar goed, na vier jaar werd ik door Hazenberg gevraagd bij hun te komen werken. Ik had al kontakt met ze, omdat in die tijd iedere winkelier, ook C&A en V&D, bij elkaar in de etalage ging kijken hoe de ander het deed. Bij Hazenberg heb ik heel lang in de Kinkerstraat gewerkt. Dat was toen een straat met heel grote en bekende winkels, zoals Stapper en Koeman, Wijnberg, Plotzke, Zakkers, Jansen Behang en Nooy (rechts op de foto). In die tijd liepen de mensen voetje voor voetje langs de etalages die helemaal volgestampt werden met allerlei artikelen.

De Kinkerbuurt was wel armoedig, zeker in die tijd. Er waren allemaal smalle straatjes die nog gebouwd waren op drassige grond zonder ophoging met zand. Daarom ligt de Bellamystraat opeens een halve meter lager en daarom hadden de mensen daar veel vochtproblemen. Je had er ook veel cafe's. De tram op de foto dat is lijn 7, die ging tot de Jan Pieter Heijestraat, maar ook lijn 23 reed door de Kinkerstraat, vanaf de Zoutkeetsgracht naar de Amstelveenseweg, geloof ik."

In de Kinkerstraat was ook Janus beddenmagazijn, een bekende zaak, waar Jan de Hartog, van 'Hollands Glorie', nog zijn allereerste roman 'Een linkerbeen gezocht', als onderpand aanbood voor de aanschaf van een bed dat hij niet ineens kon betalen.

De gevelwand rechts op de foto is inmiddels helemaal verdwenen.

De Amstelveenseweg gezien vanaf de Overtoom, ongeveer ter hoogte waarvan zich rechts de 'oude' sluis bevond. Het huisje rechts, Overtoom 593, werd afgebroken. Helemaal achteraan is nog het silhouet te zien van café-restaurant Schinkelhaven, een roemruchte uitspanning met speeltuin. Mevrouw van Dijk-Jansen: "Bijna elke zondag liepen we hier naar toe. Je was al moe voordat je er was, maar het was een prachtige speeltuin en je kreeg een glas Ranja."

Mevrouw W. Koster- Zonnenberg stuurt deze foto van de Amstel met Magere Brug en haar man op de step. "Vroeger droegen die jongens allemaal een matrozenpakje. Ze hadden thuis bij mijn man een bakkerij en hij moest altijd boodschappen doen en brood bezorgen na schooltijd. Dat vond hij wel leuk, want hij kreeg dan een 'broekcentje'. Met dat opgespaarde geld ging hij dan naar Carré, dat vlakbij was. Hij nam dan 's morgens vroeg een sinaasappelkistje mee en wachtte dan bij de kassa geduldig tot hij een kaartje had voor de clown Busiau of een Operette van Truusje Speijk en Johan Boskamp. Dan zat hij bovenin het schellinkje en keek over alles heen."

Deze foto van de Westermarkt werd ingezonden door Mevrouw F. Steijn en is gemaakt in oktober 1930.
"Tijdens mijn schooltijd woonde ik met mijn ouders op de tweede etage van nummer 7. In het benedenhuis was een verhuurinrichting van zwarte herenkleding, de firma Driessen, als ik het goed heb onthouden. Naast ons, op nummer 9, het huis met de twee balkons, woonde Dokter Dito, 'de Koning van de Jordaan', want hij was de eerste arts in Amsterdam die een kamer met hoogtezon-apparatuur had om tuberculose-patiënten te behandelen. Arme gezinnen in de Jordaan werden door hem weleens gratis behandeld. Vandaar zijn bijnaam. Misschien dat andere Amsterdammers zich dit nog kunnen herinneren?"
In de zomer van 1934 begon hier op de Westermarkt het Jordaanoproer, vanwege de verlaging van de werkloosheidsuitkering met tien procent!

43

"Hier woonde een goeie vriend van me, de vader van Frans Halsema, die illustrator was. Die werkte als zelfstandige en dat was in die tijd keihard en heel lang werken. Ik kon goed met hem opschieten en ik kwam dus vaak in de straat op deze foto. Dat was toen toch wel een chique buurt, heel anders dan tegenwoordig," schrijft de heer M. Snel.

Hij woont nu in de Legmeerstaat, maar vroeger in de Jordaan, aan de andere kant van de Nassaukade, in de Willemsstraat.

De foto is van hem en toont een blik op de Frederik Hendrik-straat vanaf het Frederik Hendrikplantsoen.

Lijn 3 reed toen al door deze straat, dat is te zien aan de bedra-ding. Aan beide kanten van de weg was een zogenaamde vent-weg. Op de foto rechts zijn schoonvader, de heer De Vries, die in de jaren dertig werkloos was en door de Gemeente erop uit werd gestuurd om op het Frederik Hendrikplantsoen wacht te lopen. Ook de heer Snel is toen een tijdje werkloos geweest. Hij werd in Het Bosplan te werk gesteld om bomen te plan-ten. "Het was een slechte tijd," aldus de heer Snel.

De Binnen-Amstel met links de Kloveniersburgwal.
Mevrouw van de Heuvel schrijft dat haar vader walbaas was
bij de Stoomvaart Maatschappij Amsterdam voor de beurt-
vaart op Middelburg-Vlissingen.
"Deze foto toont heel goed de enorme bedrijvigheid die er
toen heerste op de Amstel. Vrachtvaarders van de Munt tot
aan de Hoge Sluis. Voor de brug was de stoomvaartmaat-
schappij 'De Stad Tiel" gevestigd, erachter lagen de schepen
van ons die naar Middelburg-Vlissingen voeren."
Ze vervolgt: "Wij woonden begin jaren dertig aan de Amstel
bij de Blauwbrug. Toen werd het Rokin gedempt tussen
Spui en Dam. Vlak na de demping schreven de kranten op
1 april dat het Rokin weer was ingezakt. Drommen mensen
gingen toen kijken, om tot de ontdekking te komen dat het
een 1 aprilgrap was!"

45

Deze foto werd gemaakt aan de oever van de Amstel bij uitspanning 'Het Kalfje'.
"Mijn ouders," zo schrijft mevrouw de Hoop-Hermans uit
Hoofddorp, "waren die dag in Amsterdam getrouwd en ver-
trokken met alle bruiloftsgasten in een 'Jan Plezier' van de
Amsterdamsche Rijtuig Maatschappij door de stad en langs
de Amstel naar 'Het Kalfje'. Het werd een leuke dag waar-
over nog jaren gesproken werd."

Een bekende schillenophaler in de Govert Flinckstraat in 1935.

De heer Licht weet zich nog te herinneren dat deze schillenman een boerderijtje had bij Sint Barbara, bij Sloterdijk. Soms gingen ze met hem mee en hielpen bij het zoeken naar scherpe voorwerpen in de schillen, "want dat was gevaarlijk voor de koeien."

De foto van de heer Kuil toont het Kattenburgerplein in de jaren dertig, een plein met mooie gevels en oude bomen waaronder banken stonden.

Een weemoedige heer Kuil merkt bij deze foto op: "Het was er zo gezellig, ondanks de armoe, en ook heel menselijk. We waren onder gelijken. Waar vind je nog deze gezelligheid?"

Ook de heer Pruis kan zich het plein uit de jaren dertig goed herinneren: "Veel mensen uit de Jodenbuurt en van de Jonkerstraat trokken hier naar toe, toen de buurt gesaneerd werd."

Deze foto, genomen in 1931, is wel een heel bijzondere.
De heer H. Stoovelaar over deze foto: "De oude ijzeren
draaibrug met het brugwachtershuisje is links nog te zien,
terwijl rechts de nieuwe hefbrug in aanbouw is met het nieuwe brugwachtershuisje. De hefbrug is een ontwerp van Piet
Kramer, een architect van de Amsterdamse School, die hon-
derden bruggen in Amsterdam op zijn naam heeft staan."
Links bovenaan op de foto is tramlijn 22 te zien die toen nog
rondjes draaide om het Centraal Station. Rechts bovenaan
liggen de steigers vol met stoomboten. Vanaf de hefbrug gezien zijn dit achtereenvolgens aan steiger 2 de boot naar Har-
derwijk en aan steiger 4 de Lemmerboot. Vervolgens de steiger van J.C. Koppe's scheepsagentuur en de steiger van de
Holland-Friesland-Groningen lijn.
"Merkwaardig is dat in 1973 op de plaats van de oude draaibrug een nieuwe brug werd gebouwd, de hefbrug uit de jaren
dertig werd daarmee gedegradeerd tot voet- en fietsbrug."

Deze foto werd ingezonden door de heer Suyl. Hij vertelt erbij dat deze foto zo goed in beeld brengt hoe mooi en rustig
het toen was in Amsterdam, vergeleken met tegenwoordig.
"Rechts kun je nog de ingang van de Westerstraat zien. Ziet u
hoe mooi het was zonder al die auto's..."

"Dit is een foto van de oude ijzeren brug, vlak voor de vernieuwing in 1936," aldus Hans Stoovelaar.

"Er is veel te zien op deze foto, zoals links een losse motorwagen van lijn 9 die richting Centraal Station gaat. Tegemoetkomend is lijn 4 te zien; het verkeer ernaast heeft geen ruimtegebrek. Er is ook nog een typische Amsterdamse straatkiosk en een peperbus te zien. In de gracht liggen vele zolderschuiten en beurtvaartschepen. De Oude Turfmarkt is vol bedrijvigheid en aan de linkerwal ligt een rondvaartboot aan de steiger."

Een foto uit 1930 van mevrouw Lehman, die vertelt over de tijd dat ze daar werkte in de Kalverstraat.

"Tussen de middag maakten we wel eens een wandeling door de buurt en passeerden dan altijd het Rokin dat toen nog niet gedempt was. Op die wandelingen kwamen we ook wel eens Burgemeester de Vlugt tegen die op weg was naar huis of naar het stadhuis. Op de foto kunt u rechts nog het gebouw zien van Blikman & Sartorius met de reclame voor Royal schrijfmachines, het Beurspoortje naar de Vijgendam en links het gebouw van de SKF."

"Op deze foto staat de 'boter, kaas & vleeschwarenwinkel' van mijn grootouders, de familie Eijken.
De andere foto toont de 'opbergplaats' aan de overzijde van de straat," schrijft Patricia Modderman uit Duivendrecht.
"De winkel was gevestigd in de Johannes Verhulststraat, hoek Emmastraat en is gemaakt begin jaren dertig."
Tegenwoordig is hier een filiaal van Albert Heijn gevestigd.

De foto links van de heer Takken dateert uit 1936 en toont de finish van de Vondelpark-estafette.

"Er was altijd grote belangstelling voor deze wedstrijd. De juryleden werkten met hun eigen stopwatches, die de tijd tot op 1/5 seconde nauwkeurig aangaven. De winnaar verwierf het fraaie, zilveren wisselschild dat aangeboden werd door de cigarettenfabriek van Chapchal Frères, Delft. De prijs hangt nu nog bij AAC in de prijzenkast."

Op de andere foto is te zien hoe de heer Takken, toen nog een jongen, na afloop van een wedstrijd als winnaar werd rond-gereden in de buurt in een open auto.

"Ten tijde van de Olympische Spelen in Los Angeles in 1932 werd het hardlopen erg populair bij de jeugd. In straten, toen nog autovrij, werden kalklijnen getrokken en werden wed-strijden georganiseerd. Bij ons gebeurde dat door de oud-at-leet Hettema. De prijs werd uitgereikt door de atleet Chris Berger, toen heel erg bekend, in café Hettema op de hoek van de Ruysdaelstraat/Joh. Vermeerstraat," aldus de heer Takken.

Wat weinig Amsterdammers weten, maar deze brug heet de Oetewalerbrug. Deze ligt over de Ringvaart in de Middenweg.

De foto uit de jaren dertig toont een slijterij met een reclamebord waarop Wijnberg's advocaat voor ƒ 1,75 wordt aangeprezen. Bovenop het huis staat een groot reclamebord voor Egyptische cigaretten van het merk Clysma...! Het huis is inmiddels gesloopt en vervangen door een moderner pand.

Het huis links ernaast, aan de Linnaeuskade, was in die tijd in gebruik bij de Amsterdamsche Melkinrichting. Sinds 1974 is in dit pand gevestigd koffiehuis De Meer. Rechts het nog steeds dominerende voormalige stadhuis van de Watergraafsmeer, het Rechthuis. Links op de foto staat de vrouw of de vriendin van de fotograaf.

Deze foto werd gemaakt in 1932 in hartje Jordaan op de Lindengracht, hoek 3e Goudsbloemdwarsstraat.

"In de crisistijd waren er teveel bakkerijen, zodat een hevige 'broodoorlog' ontstond. Op de foto is te zien dat het brood bij Bakkerij Vliek 9 cent kostte, terwijl de 'normale' prijs 12 cent was! Van heinde en verre kwamen ze bij ons brood halen, want per klant werden er 3 tot 5 broden gekocht. Het waren toen van die grote gezinnen."

De heer Bakker, die dit schrijft, staat links op de foto.

Deze foto werd gemaakt bij de aankomst van Koningin Wilhelmina bij het Haarlemmermeerstation aan de Amstelveenseweg. De Koningin vierde in Amsterdam haar 40-jarig regeringsjubileum. Bij het station werd ze welkom geheten, toegezongen door het Toonkunstkoor onder leiding van Willem Mengelberg en tenslotte toegesproken door burgemeester W. de Vlugt. Na inspectie van de erewachten van de Studenten Weerbaarheden trok ze onder begeleiding van de huzaren via de Cornelis Krusemanstraat naar het Paleis op de Dam. De heer Fransen kan zich nog herinneren dat hij daar als kind uren met zijn ouders stond te wachten op de aankomst en dat hij de Koningin niet eens kon zien.

De Noord- en Zuidhollandse tuinders brachten hun verse groenten naar de markt in de Marnixstraat, hoek Elandsgracht. Dat was tot in het jaar 1934, toen de nieuwe Centrale Markthallen in West in gebruik werd genomen.

De heer Licht werkzaam bij de Stadsreiniging: "Hier moesten we elke dag naar toe om schoon te maken. Vooral als het bloemkooltijd was, zoals op de foto is te zien, was het een rotsooi... Bloemkool heeft van die lange bladeren en dat gaf veel afval. Er waren toen ook veel café's aan de Elandsgracht. Toen de markt verdween, verdwenen ook al die café's."

"De bakkerij op de hoek van de Noorderdwarsstraat op deze foto bestond al sinds 1600," zo schrijft de heer de Jonge. "De bakkerij had nog echte meelzolders. Er werd in de kelder gebakken, zoals toen gebruikelijk was. Het brood werd gebakken in een motoven met mot van de kistenfabriek. Het brood werd verkocht voor 11 tot 12 cent. Het meisje in de winkeldeur is mijn zusje. Mijn moeder, die eerst Juf van de Bakker was, had aan de overkant van de straat een kruidenierswinkeltje, heel klein en net een 'Anton Pieck-plaatje'. De bakfiets die voor de winkel staat werd sigarenkistje genoemd. Er zaten lantaarns op, want 's avonds moest ook nog bezorgd worden."

Een foto uit begin jaren dertig van de Zeilstraatbrug. Aan
deze zijde is er nog grotendeels weiland. Er heerst nog een
serene rust, onvergelijkbaar met de huidige situatie. De brug
werd versierd met beelden van Hildo Krop.
"Wat is het jammer," aldus de heer Stoovelaar, "dat het
prachtige brugwachtershuisje in de jaren zestig moest verdwijnen, vanwege de noodzakelijke verbreding van de brug."

De heer Pruys stuurde deze foto in met het volgende verhaal. "Wij woonden vroeger in het hartje van de Jodenbuurt, in de Jonkerstraat, dat was achter de Montelbaanstoren. Je had er de winkel van Bet Dik, Jenever van Crispijn, het Arbeidsbureau, de winkel van Pollie en in de Ridderstraat had je IJssalon Hamel. Dat kan ik me nog allemaal goed voor de geest halen. Mijn vader had wel geld en daar schaamde ik me wel een beetje voor, want het was armoe troef in die buurt. Door het geld van mijn vader kon ik al vroeg gaan wielrennen en werd ik Kampioen van Nederland. Ik heb nog gereden met Schulte, Peters, Bijster en al die andere groten van voor en na de oorlog. In de Jonkerstraat had je ook een acrobatenzolder, met heel veel talentvolle jongeren.

Mijn vader deed in tweedehands spullen, zoals ook mijn opa. We hadden een marktplaats in de Uilenburgerstraat waar op zondag markt werd gehouden. Mijn vader verkocht daar de spullen die hij uit de vodden had gesorteerd. Het was dan heel druk in de Uilenburgerstraat. Op een dag was de plek van mijn vader bezet door een joodse koopman. Er ontstond een opstootje want mijn vader liet zich die plek niet afnemen. De joodse koopman werd door de andere joodse mensen natuurlijk bijgestaan en mijn vader door de andere buurtgenoten. Nou was er een kampioen worstelen in die buurt, die Sjouwerman heette en die zou mijn vader wel even mores leren. Maar mijn vader pakte een mes van een belendende haringkar en dreigde daarmee toe te steken. Toen dropen ze snel af...," aldus de heer Pruys.

"Mijn vader en mijn moeder liepen samen wel sabbath, dat was dat ze het licht uit moesten gaan doen bij joodse mensen in de buurt. Zo noemden ze dat: sabbath lopen."

Op de foto staan de ouders van de heer Pruys en zijn oom. Ze hadden een sigarenzaak in de Jonkerstraat op nummer 70. De foto werd vlak voor de afbraak van de straat genomen, dat was in 1930.

Op deze foto van Stedelijk Beheer van midden jaren dertig is de draaibrug te zien over de Kostverlorenvaart in de Kinkerstraat. De brugwachter, die juist bezig is de hekken te sluiten, was in die tijd een ware autoriteit en een bekende buurtfiguur. Het was 'zijn' brug en van niemand anders.

Mevrouw van Slingeren-Romsemaar heeft goede herinneringen aan het Zeeburgerdorp aan het Zeeburgerpad, ondanks de slechte naam.

"Het werd wel het dorp voor asocialen genoemd. De officiële naam was zelfs 'Dorp voor asocialen', maar dat pikten we toch niet. Toen heeft de Gemeente het bord vervangen en vanaf toen heette het dorp 'Zeeburgerdorp'. Ik heb hier mijn man nog leren kennen. Het was eigenlijk bestemd voor mensen die een 'heropvoeding' moesten ondergaan in een soort van woonschool... Ze moesten leren goede bewoners te worden en een regelmatig gezinsleven te leiden.

Op de foto staat ook de heer Nagelkerke, een klusjesman voor het dorp. Ook Jopie Groenewoud en Bertus Witteman staan erop en de directrice Mevrouw Schuurman.. Links op de foto waren de clublokalen waar je kon tekenen, figuurzagen en er was ook een washuis waar je voor tien cent de was kon doen.

Er werd veel te negatief gesproken over het dorp. Als kinderen had je er een heerlijke plek, vlakbij een stoomgemaal, en je had toch nog vier slaapkamers in het huis. Het was net als Kattenburg, Wittenburg en de Jordaan, niet slechter en niet beter. Er was ook nog een psycholoog die onderzoek deed onder de bevolking van het dorp, dat was de bekende A. Querido. Hij constateerde dat niet alle gezinnen zelf schuldig waren aan hun woongedrag, sommigen waren de dupe van maatschappelijke omstandigheden.

Het stonk er af en toe verschrikkelijk want er was een verffabriek van Vettewinkel, leerlooierijen , huidenhandelaren en een darmenfabriek. Ja, het was een rotte tijd, veel armoe en werkloosheid."

In 1944, tijdens de oorlog, werd het dorp uiteindelijk op last van de Duitsers afgebroken.

Op de foto rechts staat Mevrouw van Slingeren als meisje in het dorp.

De Diamantstraat op een foto van de familie Molenaar, die in de Smaragdstraat woonde en later verhuisde naar de Lutmastraat. De foto moet in de jaren dertig gemaakt zijn. In het midden is het opvallende gebouw van Asscher te zien dat dateert uit 1907.

De heer L. Asscher: "Een hoop diamantbewerkers woonden hier in de buurt van de Tolstraat. De straat hier heet de Diamantstraat. De huisjes waren vroeger van ons en daar woonde het personeel, in die lage huisjes. Dit is de edelstenenbuurt, we hebben een Robijnstraat, een Smaragdstraat, een Saffierstraat. Er werkten hier voor de oorlog wel driehonderdzestig man, er waren twaalf overlevenden na de oorlog, hetgeen genoeg zegt."

De heer A. de Paauw: "Vóór 1940 was het leven op de zaal bij Asscher heel anders dan na de oorlog. Ze zongen samen, men dolde samen. Na '45 heeft de radio zijn intrede gedaan en daardoor stopte het gesprek en het persoonlijk kontakt. Ik heb vóór 1940 meegemaakt dat de mensen na maanden van werkloosheid weer werkten en dat de zaal schalde van liederen, dan was men weer gelukkig..."

De huisjes aan de Diamantstraat, Robijnstraat en Lutmastraat werden ontworpen door A.L. van Gendt, de architect van onder andere het Concertgebouw.

Deze foto van de heer B. Eilers werd in 1938 gemaakt op het Rembrandtplein richting Reguliersbreestraat, vanaf het terras van Café Alta, het huidige café 't Hof van Holland. Rechts op de foto het politieposthuis, waar altijd oproepen aan het raam hingen met ƒ 100,- beloning voor inlichtingen tot het opsporen van verdachten.

De heer Pruys herinnert zich dat Alta het café was van de joodse zakenlieden die daar handelden in goud en juwelen. "Daarom werd die kant van het plein ook wel 'De Gouden Hoek' genoemd."

De heer de Bruin, tegenwoordig wonend in Beverwijk, herinnert zich het Rembrandtsplein vooral van de gezellige sfeer die er in de jaren dertig heerste. Hij was toen pas getrouwd en kocht elke maand een bosje bloemen bij Tante Saar, een bekende Amsterdamse bloemenverkoopster.

"Tante Saar was een schat", vertelt de heer de Bruin "en heel veel Amsterdammers hebben Tante Saar goed gekend. Ze had veel vaste klanten, gewone voorbijgangers, artiesten en het uitgaanspubliek. Ze was niet alleen humoristisch, maar had ook een grote vakkennis. Ze haalde zelf haar bloemen in Aalsmeer, 's morgens wanneer een normaal mens op z'n ene oor ligt. Toon Hermans noemde haar nog in een liedje dat hij in de Kleine Komedie bracht."

Het Rembrandtsplein was in de jaren twintig en dertig een gezellig uitgaanscentrum met op de plek waar nu het massieve gebouw van de ABN/AMRO staat het Centraal Theater waar Cees Laseur, Mary Dresselhuys, Joan Remmelts en Jan Teulings triomfen vierden. Vanaf het schellinkje kon je toneelvoorstellingen volgen als 'Het Versteende Woud' en 'Mannen in het Wit'. Het theater was altijd vol en 's zomers was er het cabaret van Fien de la Mar en Cor Ruys. In het Schillerbarretje hield Fien de la Mar iedere dag audiëntie.

De pont was altijd vol, weet de heer Fiolet nog. Hij kan zich nog een belangrijke gebeurtenis herinneren die op hem als jonge jongen een grote indruk heeft gemaakt.

"Op zeker moment zag ik bij een jonge dame die voor mij stond op de pont, haar directoire, waarvan het elastiek kennelijk gesprongen was, langzaam maar zeker naar beneden zakken. Vooral haar reactie verbaasde mij. Zonder blikken of blozen en met grote rust trok ze het voorwerp uit en stopte het in haar tas en vervolgde haar weg."

De pont legde aan bij het Tolhuis aan de overkant van het IJ. Het was een lievelingsuitstapje voor zondagsfamilies en vrijende paartjes door de week. Het leek op een Chinees lusthof met hoge bomen, zitjes onder de bomen, vijvertjes met boogbruggetjes en paviljoentjes met vleermuizen. Het IJ was in die tijd lieflijk te noemen, zeilschepen, sloepen met kleine zeilen en soms ook een groot schip, zoals de Johan van Oldenbarneveldt.

Colofon

Foto's: ingezonden door Amsterdammers na een oproep in onder andere 'Amsterdams Stadsblad' en 'Nieuws van de Dag'.
De namen van de inzenders werden in de tekst bij de foto's vermeld, soms werd op verzoek een pseudoniem gebruikt vanwege het privé-karakter van de informatie.
Voorts werden foto's opgenomen van het Open Haven Museum, Rederij Goedkoop, Spaarnestad Fotoarchief/NFGC, Stedelijk Beheer Amsterdam/ fotoarchief Onderhoud Bruggen en het Gemeentearchief Amsterdam.

Produktie: Uitgeverij 'Amsterdam Publishers'

Druk: in duotone gedrukt door Ten Brink Meppel bv

Op het omslag: Een foto van het terras van café Alta op het Rembrandtplein begin jaren dertig, gezien in de richting van de Reguliersbreestraat.

CIP-GEGEVENS KONINKLIJKE BIBLIOTHEEK, DEN HAAG

Kinnesinne-ijs

Kinnesinne-ijs en Berliner Bol: Amsterdam in de jaren dertig/ (samenst. Roland van Tulder). - Amsterdam: Uitgeverij 'Amsterdam Publishers' -111.
ISBN 90-74891-02-0
NUGI 641
Trefw.: Amsterdam; geschiedenis; fotoboeken

ISBN 90 74891 02 0

Het grootste naslagwerk over Amsterdam

HET XYZ
VAN AMSTERDAM

In 1995 verschijnt het eerste deel van een omvangrijk, tweedelig encyclopedisch handboek over Amsterdam!

Over Amsterdam bestaat veel informatie, opgeslagen in duizenden boeken, brochures, artikelen in dag-, week- en maandbladen, enzovoorts. Veel van die informatie is te vinden in bibliotheken en archieven. Er is echter zoveel, dat je door de bomen het bos niet meer ziet.

Daarom verscheen bijna een halve eeuw geleden voor het eerst een encyclopedisch handboek over Amsterdam. In 1966 gevolgd door een heruitgave van J.H. Kruizinga en J.A. Banning onder de titel "Amsterdam van A tot Z". Dit boek wordt wel een van de standaardwerken over Amsterdam genoemd, naast Brugman's "Geschiedenis van de stad Amsterdam" en d'Ailly's "Historische Gids van Amsterdam".

Nu, bijna dertig jaar later, verschijnt een volledig vernieuwde en verder uitgebreide editie van dit encyclopedisch handboek onder de titel **"Het XYZ van Amsterdam"**.

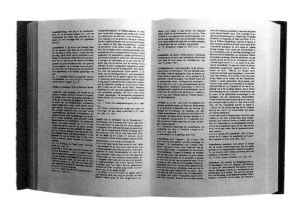

Deel 1: A - L   **Deel 2: M - Z**

Een waardevol bezit voor alle Amsterdammers

Over de auteur/samensteller

Jaap Kruizinga woont en werkt in Amsterdam en publiceert regelmatig over Amsterdam.
Zijn lijst van boeken omvat meer dan dertig titels.
Voor zijn werk ontving hij de A.N.W.B.-prijs en de Gouden Speld van de stad Amsterdam.

Over de redactie

De tekst van deze uitgave werd zorgvuldig geredigeerd door een uitgebreid team van redacteuren, allen Amsterdamkenners bij uitstek!

- Met ruim 5000 trefwoorden en meer dan een halfmiljoen woorden.
  De basis van alles wat u wilt weten over Amsterdam:
  van de A van Aalmoezeniersweeshuis (het Gerechtshof aan de Prinsengracht) tot de Z van Zijl, Lambertus (een Amsterdamse beeldhouwer).

- Elk trefwoord voorzien van een uitgebreide literatuurverwijzing naar nog meer informatie over het betreffende onderwerp.

- Met meer dan 1300 bladzijden (per deel ca. 650 blz.) en foto-illustraties.
  Formaat boek: 16,5 × 27 cm.

- Gebonden in luxe linnen band met goudopdruk en met een extra stofomslag in kleur.

TEKEN NU IN!

Tot verschijning van deel 1 medio 1995 geldt een SPECIALE intekenprijs van ƒ 69,00 per deel (incl. BTW, excl. verzendkosten ƒ 5,−); daarna is de boekhandelsprijs ƒ 95,00 per deel. Beperkte oplaag!
Met aangehechte antwoordkaart kunt u rechtstreeks intekenen bij Uitgeverij Amsterdam Publishers, Antwoordnummer 47695, 1070 VD Amsterdam.

Als u het boek *"Kinnesinne-ijs & Berliner Bol"* niet wilt beschadigen door het uitknippen van de Intekenbon, stuurt u ons dan een kopie van deze <u>bon</u> in een open envelop met vermelding van het antwoordnummer en verdere adressering.

INTEKENLIJST:

Achterin het boek wordt een officiële *Lijst van Intekenaren* opgenomen.
Als u tijdig intekent via bijgaande bon heeft u recht op gratis vermelding van uw naam achterin het boek.